U0896862

致谢

感谢孙小淳教授为本书审稿，感谢李星玉女士为本书审稿并提供资料。

“共和国脊梁”科学家绘本丛书

“彗”眼识星

张钰哲的故事

任福君 主编

张嘉懿 著 刘颖爽 绘

北京出版集团

北京出版社

前言

回首近代的中国，积贫积弱，战火不断，民生凋敝。今天的中国，繁荣昌盛，国泰民安，欣欣向荣。当我们在享受如今的太平盛世时，不应忘记那些曾为祖国奉献了毕生心血的中国科学家。他们对民族复兴的使命担当、对科技创新的执着追求，标刻了民族精神的时代高度，书写了科学精神的永恒意义。他们爱国报国、敬业奉献、无私无畏、追求真理、不怕失败，为祖国科学事业的繁荣昌盛，默默地、无私地奉献着，是当之无愧的共和国脊梁，应被我们铭记。

孩子是祖国的未来，更是新时代的接班人。今天，我们更应为孩子们多树立优秀榜样，中国科学家就是其中之一。向孩子们讲述中国科学家的故事，弘扬其百折不挠、勇于创新的精神，是我们打造"'共和国脊梁'科学家绘本丛书"的初衷，也是对中国科学家的致敬。

丛书依托于"老科学家学术成长资料采集工程"（以下简称"采集工程"）。这项规模宏大的工程启动于2010年，由中国科协联合中组部、教育部、科技部、工信部、财政部、原文化部、中国科学院、中国工程院等11个单位实施，目前已采集了500多位中国科学家的学术成长资料，积累了一大批实物和研究成果，被誉为"共和国科技史的活档案"。"采集工程"在社会上产生了广泛影响，但成果受众多为中学生及成人。

为了丰富"采集工程"成果的展现形式，并为年龄更小的孩子们提供优质的精神食粮，"采集工程"学术团队与北京出版集团共同策划了本套丛书。丛书由多位中国科学院院士、科学家家属、科学史研究者、绘本研究者等组成顾问委员会、编委会和审稿专家团队，共同为图书质量把关。丛书主要由"采集工程"学术团队的学者担任文字作者，并由新锐青年插画师绘图。2017年9月启动"'共和国脊梁'科学家绘本丛书"创作工程，精心打磨，倾注了多方人员的大量心血。

丛书通过绘本这种生动有趣的形式，向孩子们展示中国科学家的风采。根据"采集工程"积累的大量资料，如照片、手稿、音视频、研究报告等，我们在尊重科学史实的基础上，用简单易懂的文字、精美的绘画，讲述中国科学家的探索故事。每一本都有其特色，极具原创性。

丛书出版后，获得科学家家属、科学史研究者、绘本研究者等专业人士的高度认可，得到社会各界的高度好评，并获得多个奖项。

丛书选取了不同领域的多位中国科学家。他们是中国科学家的典型代表，对中国现代科学发展贡献巨大，他们的故事应当广泛流传。

“‘共和国脊梁’科学家绘本丛书”的出版对“采集工程”而言，是一次大胆而有益的尝试。如何用更好的方式讲述中国科学家故事、弘扬科学家精神，是我们一直在思考的问题。希望孩子们能从书中汲取些许养分，也希望家长、老师们能多向孩子们讲述科学家故事，传递科学家精神。

“‘共和国脊梁’科学家绘本丛书”编委会

致读者朋友

亲爱的读者朋友，很高兴你能翻开这套讲述中国科学家故事的绘本丛书。这些科学家为中国科学事业的繁荣昌盛做出了巨大贡献，是我们所有人的榜样，更是我们人生的指路明灯。

讲述科学家的故事并不容易，尤其是涉及专业词汇，这会使故事读起来有一些难度。在阅读过程中，我们有以下3点建议希望能为你提供帮助：

1.为了让阅读过程更顺畅，我们对一些比较难懂的词汇进行了说明，可以按照注释序号翻至“词汇园地”查看。如果有些词汇仍然不好理解，小朋友可以向大朋友请教。

2.在正文后附有科学家小传和年谱，以帮助你更好地认识每一位科学家，了解其个人经历与科学贡献，还可以把它们当作线索，进一步查找更多相关资料。

3.每本书的封底附有两个二维码。一个二维码是绘本的音频故事，扫码即可收听有声故事；另一个二维码是中国科学家博物馆的链接。中国科学家博物馆是专门以科学家为主题的博物馆，收藏着大量中国科学家的相关资料，希望这些丰富的资料能拓宽你的视野，让你感受到中国科学家的风采。

1928年11月22日深夜，北美大陆寒风凛冽，
一位来自中国的青年待在叶凯士天文台内，
他已连续数夜守在望远镜旁给星星拍照，
终于在这一天，他通过对比相片底片，
确认自己发现了一颗新的小行星①。

作为新星的发现者，这位青年可以给这颗小行星起名字。
他想到，天上已经有好几颗小行星以国家名称命名，
但是还没有他的祖国——中国，
他把这颗编号为1125的小行星取名为“中华”，
从此，这颗星以“中华”之名永远闪耀在广袤的宇宙中。

这位青年——“中华星”的发现者，名叫张钰哲。

1902年，张钰哲出生在福建闽侯县一个普通家庭中，
父亲在他两岁时就去世了，
母亲勉强维持一家人的生活。
贫苦的生活并未影响小钰哲好奇求知的心，
在他8岁那年，天上发生了一件“大事”！

那一年，著名的哈雷彗星②光顾地球上空，
这一天，人们抬起头就能看到一个绚烂夺目的“大扫把”扫过天空。
小钰哲透过玻璃窗看到了这个壮观景象，
从此念念不忘。

自那天起，小钰哲开始主动阅读与天文有关的书籍。

一本叫作《上下古今谈》的书，让他了解了不少天文知识，

唐代天文认星口诀《步天歌》[③]伴他漫步星空，帮他熟记二十八星宿。

在芝加哥大学留学的二哥张承哲最了解自己的弟弟，
他给小钰哲寄来校园风景明信片，并附上激励的话：
“喜欢我的校园吗？如果想来这里学习，务必搞好学业，练好英语！”
这封信给了张钰哲很大的动力。

二哥回国后，张钰哲跟家人搬到北京居住。
他先就读于北京畿（jī）辅中学，
后又转入北京师范大学附属中学。
聪明、刻苦的张钰哲，在毕业考试时考了第一名，
这让他顺利进入清华学校高等科。

在清华学校，张钰哲的英语水平突飞猛进，
因为他渴望在毕业后留学美国继续深造。
但当时的清华学校规定，游泳考试合格才可以毕业，
还流传着“游过50米，横渡太平洋”的说法。
这可让游泳技术不佳的张钰哲犯了愁，
为了能毕业，他开始努力锻炼，
天道酬勤，考试那天，他游过了50米！

这个从小观星、喜欢天文的孩子，
来到美国的第一站，是在普渡大学学机械工程。
没多久，他就转学到康奈尔大学学建筑。
素描是建筑学的基本功，在一次素描画评展中，张钰哲得到了金牌奖。

尽管有绘画天赋，
但年轻的张钰哲却十分迷茫，
建筑学真的是自己喜欢的吗？
这时，他在图书馆看到一本天文学科普书，
这本书一下子将他带回到8岁那年。
他仍记得透过老家的玻璃窗看到的哈雷彗星，
这时，张钰哲看到了自己的未来。

之后，张钰哲转学到了芝加哥大学天文系，并在那里获得了硕士学位。
随后，他来到叶凯士天文台，跟随樊比博[4]教授攻读博士学位。
天文台条件艰苦，张钰哲只能睡在天文台的阁楼上，
阁楼的玻璃窗是圆形的，像极了船舱上的窗户，因此得名“军舰”。

张钰哲在这艘“军舰”里完成了自己的博士论文。

毕业的前一年，他发现了一颗新的小行星，从此天上有了“中华”！

1929年，张钰哲顺利通过博士论文答辩，

他的恩师樊比博一家特意为他烤了一个大蛋糕庆祝。

毕业后的张钰哲面临着留下还是回国的选择。

为了做好这个选择，他踏上了天文台之旅。

他的足迹遍布美国威尔逊山天文台、利克天文台、洛威尔天文台，

还有加拿大维多利亚天文台，

这些天文台设备精良，环境舒适，让人很想留下。

可是，他想到了自己的祖国，

中国还没有一座属于自己的天文台，

张钰哲回国的心自此坚定下来。

后来，张钰哲在一列火车上，遇到了钱德拉塞卡⑤，
这位未来的天文学明星问张钰哲，
自己是否应该继续留在美国。
张钰哲想了一下，回答他：
“你应该留下，为天文学做出贡献，而我，要回到我的祖国。”
1929年秋，张钰哲带着旅行中收集的天文学图书、资料回国了，
他暗暗许下心愿，要建立中国自己的天文台。

回国后，张钰哲受聘于南京国立中央大学物理系，
他教授天文学，深受学生们的喜爱。
他的课吸引了众多年轻学子，
日后被誉为“东方居里夫人”的吴健雄就曾是张钰哲的学生。

国立中央大学还见证了张钰哲的爱情，
在这里，他找到了自己一生的伴侣——陶强，
两人许下“我与梅花有旧盟，直至白首不分离”的誓言。

我與梅花有舊盟
直至白首不分離

动荡岁月，难以容下安静的书桌。

1937年7月7日，日本侵略者的铁蹄踏破中原。

南京城破前夕，国立中央大学西迁至重庆沙坪坝。

张钰哲携带图书资料，与家人一起随学校迁往重庆。

1941年，张钰哲被任命为新一任天文研究所所长。
他带着同事们开始了艰难困苦的天文观测及研究工作。

1941年9月21日，中国部分地区的天空，将出现400年一遇的日全食[6]天象。
原本多国科学家打算来中国观测，但战争的爆发，令他们取消了行程。
作为天文学家的张钰哲，决定冒着危险，组织观测队进行日全食观测。
他亲自带队奔赴最佳观测点——甘肃临洮。

临洮位置偏僻，即使如此，日军飞机仍多次来袭。
观测队冒着危险坚持工作。观测那天，万里无云。
一行人顺利完成观测任务，并拍摄了中国境内首部日全食彩色影片。
张钰哲就此次观测经历用英文写了一篇文章，发表在国际期刊上，
向全世界展示了中国天文工作者在战争岁月中所取得的成就。
同时，他也用这种方式控诉了日本侵略者的罪行。

抗日战争结束了，中断的学术交流重新活跃起来。
1946年，张钰哲第二次踏上美国的土地。
时隔近20年，新的科学发现、先进的设备在美国层出不穷，这让张钰哲应接不暇，他感叹美国天文学的日新月异，也更加渴望建设好中国自己的天文学学科。

然而，回国后等待张钰哲的，却是一张去往台湾的机票，
国民党政府准备将天文研究所搬往台湾。
张钰哲不满国民党政府的腐败，也担心天文仪器在搬运途中损坏，拒绝了去台湾的安排。
他和研究所的部分人员暂时迁到了上海，一起迎来了中华人民共和国的成立。
1950年，张钰哲被任命为南京紫金山天文台台长。

新中国的科学事业百废待兴，
张钰哲与同事们一起，开始了中国天文事业的建设。
1956年，他与苏联专家等多人共同起草了中国的第一个中长期科技规划，
即《1956—1967年科学技术发展远景规划》，
他负责天文学部分。

张钰哲深知，学科的发展壮大离不开人才，
他开始从各地搜寻天文人才，请他们来紫金山。
他听说王绶琯[7]有心回国从事天文工作，便写信邀请他。
王绶琯回忆往事时曾说道：
“张先生对人才的尊重与信任，为我一生之罕见。”

在国际天文学的重心转向前沿的天体物理学时，

张钰哲提出，要在首都北京建一座以天体物理研究为主的天文台。

他亲手草拟了这座新天文台的规划方案，

为了选台址，他坐汽车、骑毛驴、爬高山、过峡谷……不辞劳苦。

新天文台的建台方案终于得到了国家批准，

这时，留学法国的著名天体物理学家程茂兰[8]回国了。

张钰哲大喜过望，

他认为，程茂兰是筹建和主持北京天文台的最佳人选。

于是，他将凝聚自己心血的北京天文台全权交给程茂兰。

张钰哲曾说："程先生的天文成就，在国际上的学术地位，是国内任何天文学家都无法相比的，要尊重与支持程先生的工作。"

制订发展规划、建立天文台、挖掘人才……

张钰哲成为中国天文学发展名副其实的“舵手”。

他还关心天文科普事业，为李元[9]建立北京天文馆提供许多帮助。

1957年9月29日，北京天文馆成立了，这是当时亚洲最先进的天文馆。

张钰哲自己的科学研究也没有放下，
他领导的小行星观测团队发现了100多颗获得编号的小行星。
这些小行星有的被命名成北京、江苏、上海这样的地名，
有的是以我国古代著名科学家的名字来命名，
如张衡、祖冲之、沈括、一行、郭守敬……
张钰哲和他的团队让天上有了更多的中国元素！
他还研究人造卫星的轨道问题，对“东方红”卫星的发射成功起了重要作用。

时光匆匆，当初张钰哲从美国学成归国时，
中国甚至没有一座属于自己的天文台。
半个世纪过去了，中国已经拥有多座现代化的天文台，
每一座天文台发展、建立的背后都有张钰哲的身影。
他任台长的紫金山天文台更是迎来新生，
成为亚洲最著名的天文台之一。
中国的天文人才越来越多，天文事业蒸蒸日上！

1980年，78岁高龄的张钰哲登上海拔4800米的昆仑山口，为我国建立第一架毫米波射电望远镜[10]观测站选址。

1978年8月，国际小行星中心将编号为2051的小行星命名为“张”，
以表彰张钰哲对天文学做出的卓越贡献，
这颗星和他50年前发现的“中华星”一起辉耀夜空。

时间定格在1986年，
这位经历了半个多世纪沧桑巨变的老人随哈雷彗星而去，
他为中国天文事业留下的宝贵遗产却如宇宙一般永恒。

张钰哲小传

张钰哲（1902年2月16日—1986年7月21日），福建闽侯人，我国现代著名天文学家。8岁那年，他在老宅看到了哈雷彗星，这次观星激发了他对天文学最初的兴趣。张钰哲幼时家贫，到了该上学的年纪，只能入读福州免费的明伦小学。之后，在美国留学的二哥张承哲回国，进入北京的政府机关工作，张钰哲全家便迁往北京居住。在北京时，他先是经人介绍进入北京畿辅中学（今北京第十四中学），在那里打下了良好的文言文基础。后来，他转学进入北京师范大学附属中学，在这里，张钰哲各科成绩均名列前茅，尤其数学成绩更是出众。1919年，他从师大附中毕业，顺利考取清华学校高等科（清华留美预科班），4年后，他获得“庚子赔款奖学金”，留学美国。

1927年，张钰哲进入叶凯士天文台，跟随当时的小行星专家樊比博教授攻读博士学位。1928年11月22日，他发现了一颗新的小行星，这是中国人第一次发现新的小行星，张钰哲将这颗星命名为“中华”。1929年，他顺利通过博士论文答辩，取得博士学位，并于同年归国，任教于南京国立中央大学（今南京大学）物理系，教授天文学、天体力学等课程。

1941年，他担任中央研究院天文研究所的所长，上任之后的第一项任务就是组织观测日全食。他带队奔赴甘肃临洮，整个行程历经42天，不仅路途遥远，还要时不时提防日军的轰炸机。历尽艰苦，观测队最终取得在中国境内由中国天文学家自己完成拍摄的第一张日全食照片和第一部日全食彩色影片，这一成就对当时的中国天文学来说具有里程碑的意义。

1946年，张钰哲再次远渡重洋来到美国，与著名天体物理学家斯特鲁维合作进行分光双星的研究。归国后不久，新中国成立，张钰哲被任命为紫金山天文台的台长，此后的34年里，他一直致力于推动中国天文学学科的建设。

1956年，张钰哲与苏联专家等多人一起起草了我国第一个全面的科学技术发展规划——“十二年科技规划”（《1956—1967年科学技术发展远景规划》）的天文学部分。在他的鼓励下，一大批人才奔赴紫金山天文台，他们中的一些骨干参与了上海天文台、北京天文台、云南天文台和南京天文仪器厂的建设工作以及北京天文馆的筹建。

1980年，已经78岁高龄的张钰哲登上海拔4800米的昆仑山口，为我国建立第一架大型毫米波射电望远镜观测站选址。目前国内的许多天文机构在成立之初都有张钰哲当年的参与。

在科学研究方面，张钰哲和他领导的紫金山天文台行星室共拍摄小行星、彗星底片8600多张，获得有价值的精确位置数据9300多个。他们发现了1000余颗新小行星，其中有100多颗小行星和3颗紫金山彗星获得了国际永久编号和命名权。1957年，张钰哲发表中国第一篇论述人造卫星轨道的论文，应用天体力学基础理论对人造卫星轨道问题做了开创性研究。他开创并领导了天文学多个领域研究，取得多项重要成果，并在天文学史研究、天文仪器研制、天文科普等方面做了大量工作。

1978年8月，国际小行星中心将第2051号小行星命名为“张”（英文名“Chang”），以示对张钰哲这位天文学家一生贡献的肯定。1986年1月，哈雷彗星再次光临地球上空，张钰哲又一次见到了它。同年7月21日，张钰哲逝世，随哈雷彗星而去，享年84岁。

1990年10月，中国邮电部发行了张钰哲纪念邮票，以纪念这位曾为中国天文事业奉献一生的杰出天文学家。

张钰哲年谱

1902 年

2月16日出生于福建省闽侯县。

1907 年（5 岁）

福州明伦小学读书。

1910 年（8 岁）

第一次看见哈雷彗星，对天文学产生了兴趣。

1914 年（12 岁）

进入北京畿辅中学。

1919 年（17 岁）

毕业于北京师范大学附属中学，同年考入清华学校高等科。

1923 年（21 岁）

赴美留学。

1925 年（23 岁）

转学到芝加哥大学学习天文。

1927 年（25 岁）

获得硕士学位，赴叶凯士天文台读博，师从樊比博教授。

1928 年（26 岁）

11月22日，发现“中华星”。

1929 年（27 岁）

通过博士论文答辩，取得博士学位。同年秋归国，任教于南京国立中央大学。

1933 年（31 岁）

与陶强结婚。

1934 年（32 岁）

被聘为国立紫金山天文台特约研究员。

1937 年（35 岁）

随南京国立中央大学西迁至重庆。

1941 年（39 岁）

被任命为天文研究所所长，同年，带队赴甘肃临洮进行日全食观测。

1946 年（44 岁）

赴美国考察，在叶凯士天文台从事交食双星光谱方面的研究。

1948 年（46 岁）

随美国日食观测队回国。

1950 年（48 岁）

被任命为紫金山天文台台长。

1953 年（51 岁）

随中国科学院代表团访问苏联。

1954 年（52 岁）

开展小行星轨道测定、摄动计算和改进轨道方向的研究工作。

1955 年（53 岁）

当选中国科学院学部委员（即中国科学院院士）。

1956 年（54 岁）

与苏联专家一起起草《1956—1967年科学技术发展远景规划》天文学部分。

1957 年（55 岁）

发表中国第一篇论述人造卫星轨道的论文，同年，为北京天文台建立设计方案。

1958 年（56 岁）

筹备南京天文仪器厂。

1965 年（63 岁）

参与中国第一颗人造卫星“东方红”卫星的轨道设计工作。

1978 年（76 岁）

哈佛大学天文台将新发现的编号为2051的小行星命名为“张”，以表彰张钰哲为天文学做出的贡献；带病远赴加拿大为恢复我国国际天文学联合会（IAU）席位而进行交涉。

1980 年（78 岁）

亲赴青海高原，登上海拔4800米的昆仑山口，为中国建立第一架毫米波射电望远镜观测站选址。

1986 年（84 岁）

第二次看到哈雷彗星，同年7月21日，在南京病逝。

词汇园地

①**小行星**：是一种分布于太阳系内的微型行星，绝大多数的小行星都集中在火星与木星轨道之间的小行星带。一颗新的小行星被发现并证实后，会先获得一个永久编号，发现者可以为这颗小行星起一个名字，这个名字要由国际天文学联合会批准才会被正式采纳。

②**哈雷彗星**：最著名的短周期彗星，每隔76.1年到达近日点（也称回归周期），因英国物理学家埃德蒙·哈雷（1656—1742）首先测定其轨道数据并成功预言哈雷彗星回归时间而得名。哈雷彗星下一次回归日期是2061年7月28日。

③**《步天歌》**：唐代以诗歌形式普及全天星官（中国古代的“星座”叫作星官）的天文认星入门书，它的作者有争议，一般被认为是唐代王希明所著。

④**樊比博（1880—1974）**：比利时裔美籍天文学家，他专门从事双星、小行星和彗星的观测工作。张钰哲的博士导师。

⑤**钱德拉塞卡（1910—1995）**：印度裔美国籍物理学家和天体物理学家。1983年，他因在星体结构和进化的研究而获得诺贝尔物理学奖。最知名的成就是“钱德拉塞卡极限”的提出，即恒星质量如果超过太阳质量1.44倍，恒星将坍缩成白矮星。

⑥**日全食**：一种天文现象，当月球运行至太阳与地球之间时发生。因为月球位于太阳前方，来自太阳的部分或全部光线被挡住，当太阳光线全部被挡住时，就会发生日全食，这时，地球上的人会看到，原本明亮的太阳被黑色的月球阴影遮盖。

⑦**王绶琯（1923—2021）**：中国天体物理学家，中国科学院院士，中国现代天体物理学的主要奠基者之一。1953年回国。1958年参加筹建北京天文台，历任北京天文台研究员、台长、名誉台长。他带领建造了太阳米波多天线干涉仪、分米波复合干涉仪，之后还成功研发综合孔径射电望远镜。

⑧**程茂兰（1905—1978）**：中国著名天体物理学家，北京天文台正式成立后第一任台长。1939年在法国获博士学位，1949年10月成为法国国家科学研究中心的一级研究员。1956年获得法国教育部骑士勋章。1957年7月回国，次年2月被任命为北京天文台筹备处主任，此后积极推动2.16米望远镜的研制。

⑨**李元（1925—2016）**：中国著名科普作家，北京天文馆的创始人之一。1954年被中国科学院由紫金山天文台调来北京开始筹建北京天文馆。李元从事天文科普工作60余年，1988年4月11日，国际天文学联合会的国际小行星中心宣布，将第6741号小行星命名为“李元”，以示对这位天文科普工作者的敬意。

⑩**射电望远镜**：虽然被叫作望远镜，但它却是一种特殊的天线和无线电接收机，外形像一口大锅，用于接收天空中来自天文射电源的无线电波。我国位于贵州的FAST望远镜就是一种射电望远镜，是目前世界上单一口径最大的球面射电望远镜。

图书在版编目（CIP）数据

“彗”眼识星 ：张钰哲的故事 / 任福君主编 ；张嘉懿著 ；刘颖爽绘. — 北京 ：北京出版社，2023.3
（“共和国脊梁”科学家绘本丛书）
ISBN 978-7-200-17283-6

Ⅰ. ①彗… Ⅱ. ①任… ②张… ③刘… Ⅲ. ①张钰哲—传记—少儿读物 Ⅳ. ①K826.14-49

中国版本图书馆CIP数据核字(2022)第121798号

选题策划 李清霞 袁 海
项目负责 刘 迁
责任编辑 王冠中
装帧设计 张 薇 耿 雯
责任印制 刘文豪
封面设计 黄明科
宣传营销 常歆玮 郑 龙 安天训
王 岩 王 尊 李 萌

“共和国脊梁”科学家绘本丛书
“彗”眼识星
张钰哲的故事
“HUI” YAN SHI XING

任福君 主编
张嘉懿 著 刘颖爽 绘

出 版：北京出版集团
北 京 出 版 社
地 址：北京北三环中路6号
邮 编：100120
网 址：www.bph.com.cn
总 发 行：北京出版集团
经 销：新华书店
印 刷：北京博海升彩色印刷有限公司
版 印 次：2023年3月第1版 2023年3月第1次印刷
成品尺寸：215毫米×280毫米
印 张：2.75
字 数：30千字
书 号：ISBN 978-7-200-17283-6
定 价：25.00元

如有印装质量问题，由本社负责调换
质量监督电话：010-58572393
责任编辑电话：010-58572282
团 购 热 线：17701385675
18610320208